Für eine lange Weile

Nina C. Rohreit

Für eine lange Weile

Gedichte

Bibliografische Information der Deutschen
Nationalbibliothek: Die Deutsche Nationalbibliothek
verzeichnet diese Publikation in der Deutschen
Nationalbibliografie; detaillierte bibliografische Daten
sind im Internet über dnb.dnb.de abrufbar.

© 2016 Nina C. Rohreit
www.ninarohreit.de

Cover: ©Power of Words by Antonio Litterio
(CC-BY-SA 3.0)

Herstellung und Verlag: BoD – Books on Demand,
Norderstedt

ISBN: 978-3-7412-8096-2

Zwei Dinge suche ich im Menschen
eine vorteilslose Kunst
und eine Liebe
Wie glücklich ist dieser Mensch,
der beides im Herzen hat
Wo ist dieser Mensch?

Molla Demirel

Suche (2001-2008)

Krissi	10
Oskar der Clown	11
Inventur	12
Sehnsucht	13
Gedanken	14
Regenflut	15
Wo bin ich?	16
Innere Momentaufnahme	17
Hunger	18
Selbst verletzt	19
Wolken	20
Loslassen	21
Alles nur Theater	22
Den Kopf aus der Hand geben	24
Flucht	26
Kampf um Freiheit	27
Anders als gedacht	28
Orkan	29
Grenzgang	30
Einzigartiger Himmel	31
Kleine Parodie	32
Wie von einem anderen Stern	34
Auflösung	35
Wellenmeer der Melodien	36
Innehalten	37
Gegen den Strom	38
Gedankenschwer	39
An den Träumer in uns allen	40

Neubeginn (2015/16)

Gartenglück	44
Ein Apfelbaum	45
Ein Gedanke	46
Geschnatter	47
Das böse M-Wort	48
Wie es sich wohl anfühlt	50
Durch den Magen gekuschelt	51
Kein Vater in Sicht	52
Eine große Sonne	54
Nichts	55
Schutzschalter	56
Sanatorium	57
Inventur II	58
Wo Worte aufhören	60
Für eine lange Weile	61
Ich hier – Du dort	62
9/11	64
Puzzlestücke	66
Zuneigung	67
Wer sind wir wirklich?	68
Das Dunkel erleuchten	70
Groteske Weihnacht	72
Mühlstein und Kopfstein	74
Revolution	76
Türen	78
Ein neuer Traum	79
Gegen das Vergessen	80
Danksagung	82
Über die Autorin	83

Suche
(2001-2008)

Krissi

Sonnenaufgang
vertrieben die Kälte der Nacht
Zurück weicht lebloses Dunkel
Leben erstrahlt - Du meines
mit deinem leuchtend roten Haar
brachtest Farbe in mein Herz

Ein Fixstern, der meinige
er wandert ungestört die Tage durch
im Gefolge Gewächse
Ganz selbstlos laufe ich dir nach

Tanzen auf Wiesen
in Wäldern, über Berge
auch durch Wüsten
möchte ich mit Dir

Doch wir gehen nur am Fluss
jeder entlang an seinem Ufer
Brücken finden sich selten
Schlussendlich die Gabelung

Mut finden, zu verlassen
mein mir vertrautes Ufer
Wird sie kommen, die Zeit?

Oskar der Clown
(für Tascha)

Immer zu sehen
mit einem strahlenden Lächeln
verzauberst stets andere
ziehst sie in deinen Bann
Immer zu hören
mit einer lustigen Geschichte
lässt andere verstummen
ziehst sie in deinen Bann

Als Oskar der Clown
deine Vorstellung strahlend bunt
Beschwingt, voll Leichtigkeit
gehen nach Hause die Zuschauer
lassen hinter sich - dich

Schleichst entkräftet davon
einsam fällt die Maske
nur Clownstränen bleiben, werden Wirklichkeit
Nach der Zirkusnummer
für niemanden mehr bedeutsam
Morgen der nächste Arbeitstag
Zusammen lachen, alleine weinen

Inventur

Bücher nichts als Bücher
im Endspurt auf das Ziel
bedrohlich dieser Höhepunkt
Danach, was dann?

Spitzentanz
mit wackeliger Balance
zwischen Leben und Abgrund
Weniger immer weniger
Nichts bekommt Kraft
mehr und mehr
Zurück ins Leben, nur wie?

Erfroren in häuslicher Eiszeit
Wärme findet sich nur im Tanz
Leben für einen kurzen Moment

Im Tal ein eisiger Wind
unablässig ohne Gnade
Einen Weg finden, heraus
Zurück ins Leben!

Sehnsucht

Schutzloser kleiner Vogel
im großen goldenen Käfig
ausgeliefert den Blicken der Welt
Zu jedermanns Wohlwollen
frisst, schläft und singt er
berechtigt sein Dasein

Bleibt nur die Sehnsucht ihm
hinauszufliegen in die Freiheit
mit ausgebreiteten Schwingen
seinem Herzen zu folgen
Sein Leben zu erfüllen

Gedanken

Gefangen
auf einem schmalen Grad des Lebens
Auf der Straße eisige Winterkälte
Gehe vorbei am regen Treiben
an Menschen zueinander gehörend
sich wärmend am Dasein des anderen
vorbei am Frühling des Lebens

Sehnsucht
aus dem Schatten herauszutreten
hinein ins wärmende Sonnenlicht
Unsichtbar
dieser Nebel, der mich umhüllt
durchdringt, ersticken lässt
Einsamkeit
schreie sie heraus, lautlos
Innere Leere
so schmerzt Nichts

Hoffnungslos
fühle, wohin es mich zieht
Mein Suchen unbestimmt
irre umher, laufe nur im Kreis
Einziger Trost
zu nehmen die letzte Ausflucht
Ein Gang in Gedanken

Regenflut

Dunkle Wolken sich entladen
erschüttern mit Regen
die Welt der glücklichen Seelen

Die Erde saugt sich voll
läuft über, lässt ertrinken
wer sich zu retten sucht

Schutzlos ohne Regenschirm
Niemand, der zu entkommen hilft
vor dieser dunklen Flut

Schleichend, von unten kommend
ist sie stark, fordert ihr Recht
Versuche davonzulaufen

Hereinbrechende Wellen
schwemmen alles davon
hinterlassen beißende Leere

Gelähmt bin ich - kraftlos
halte mich mühsam über Wasser
zu träge, um abzutauchen

Frage mich, zweifle
hoffe Land zu finden
ins Trockene zu kommen
bevor wieder
dunkle Wolken sich entladen

Wo bin ich?

Gehe ohne mich
durch die Straßen des Lebens
erreiche vermeintliche Stationen
bleibe im Rahmen und werde
- stets Haltung bewahrend -
zu einer lebenden Hülle

Für niemanden sichtbar
wie ich mich weiter schleife
gehend, laufend, rennend
weiter zerre ohne Unterlass
von einem Ort zum nächsten
Kann nicht verweilen gar bleiben
fühle mich zu hilflos, haltlos
nicht dorthin gehörend
Überflüssig im Sog der Zeit

Erst müde, dann verzweifelt
schließlich hoffnungslos
Erstarre in mir -
gänzlich Selbst vergessen
Erinnern, was nie sein durfte
was verleugnen ich musste
Suche nach mir selbst ohne mich
Ein Ziel ohne Weg oder
ein Weg mit unbestimmtem Ziel

Innere Momentaufnahme

Schneesturm, bleibe stehen
kann nichts mehr sehen
halte mich fest, ganz eisern
gehe nicht weiter, festgefroren
aus Furcht hineinzugeraten
in unbekannte Gefilde

Erahne die Wärme der Sonne, doch
erstarrt hinter Gebirgen aus Angst
geflüchtet in unendliche Leere
Verzweiflung tobt
droht meine Hülle zu zerbersten

Äußerlich gut gewärmt
innerlich voll Eiseskälte
Verliere mich selbst, bleibe stecken
bin ausgeliefert ohne ein inneres Auge
welches zur Wärme mich führen könnte

Verschollen
unter
Eisbergen
aus
Angst
Gefühle
ohne Sicht auf Wiederkehr?!

Hunger nach Leben

Hunger
nach Lachen, nach ausgelassen sein
zusammen mit anderen auf gleicher Welle
Die Stunden genießen

Hunger
nach Geborgenheit und Wärme
miteinander in Beziehung sein
Die Augenblicke genießen

Hunger
nach einer ausfüllenden Aufgabe
in der aufzugehen ich vermag
Die Zeit genießen

Geöffnet die Tür
könnte hinausfliegen, den Hunger stillen
Meine Flügel über Zeiten gestutzt
Versuche scheitern kläglich

Festsitzend im goldenen Käfig
blicke sehnsüchtig hinaus
und halte das Innere dem Außen gleich
um nicht zu stürzen in meinen Abgrund

Selbst verletzt

Tür zu - saubere Fassade
Nichts scheint nach außen
Lautstark hämmern gegen die Wände
trampeln auf den Boden - Gefühle

Sicherheitsschloss - saubere Fassade
Werden rasend, scheuchen sich auf
verstärken einander, drohen allesamt
herauszuplatzen - Gefühle

Versteinerung - saubere Fassade
Geben nicht auf, fordern ihr Recht
Reiße kleine Löcher in dicke Mauern
Ich spüre mich, gebe Luft - meinen Gefühlen

Wolken

Sitze da, bewegungslos
starre aus gläsernem Fenster
Eintönig stürzt nieder
Regen, lebendig auf Asphalt

Grauer Himmel, tristes Licht
Ergießen sich auf ihren Schaffer
düstere Wolken weinen heraus
Schmerz, gesehen auf ihrem Weg

Ein Unwetter tobt
Wolken leeren sich nicht
Gefühle vertrocknen
ersticken unter altem Staub

Mein Regen, meine Tränen
ungeweint erlischt
die letzte Spur von Leben
bis nur noch bleibt Wüste

Im Boden verharren unbemerkt
Samen, schlafend bis erlösender Regen
verwandelt die Ödnis
in ein Blumenmeer

Loslassen

Bis auf den Grund der Seele atmen
Das Herz erfüllt mit neuer Kraft
Alte Krusten weichen auf
Gefühle erstrahlen; unterdrückte, ungeahnte
Zulassen?!

Mauern
mühevoll aufgeschichtet im täglichen Kampf
nutzlos geworden nach der Schlacht
eingekesselt der falsche Feind - selbst
Abreißen
gegen den Willen meines Alleinherrschers
Zulassen?!

Vertrauen haben, mich öffnen
Kahler Putz bröckelt ab, Alarm
Blöße verstecken, zu klein
zu unerfahren für diese Welt
Finde nichts, nur einen Spiegel
Wen werde ich erblicken?
Zulassen?!

Fließen, gleiten lassen im Zeitenlauf
geduldig ohne Zwang, denn
Ich lebe, tanze, renne
fliege auf den Noten meiner Musik
Mich auf mich selbst loslassen?!

Alles nur Theater

Gefangen im selbst gebauten Käfig
einen Schlüssel suchend in den Tiefen
meines ergründeten Herzens

Höhe, Weite, Auswärts
fließende Bewegungen
Ankommen, um weiterzugleiten
auf der Welle des Lebens
hinaus in meine Freiheit
auf die Bretter, die die Welt bedeuten
für meinen ersten Auftritt, mein einziger

Schwung lässt Enge weichen
mich atmen, öffnen
mein Licht von neuem entfachen
nach außen hell erleuchtet
bis verklingt die letzte Note
Traum

Harte Wirklichkeit
Augen auf, Tür zu, peitschender Regen
entlang hetzende Menschen
auf ihrem vermeintlichen Weg
Überwerfen will ich mir ein Zelt
mich verstecken, nichts mehr sehen

Falscher Film, falsche Rolle!
In welcher Szene bin ich? Wozu?
Wen stelle ich dar? Warum?
Loslassen, alle Zwänge, alle Zweifel
die mich mir rauben, die mich hindern
selbst Regie zu führen

Ausprobieren - nicht spielen - LEBEN!

Den Kopf aus der Hand geben

Meer der Weite
des ewigen Rauschens
der Beständigkeit in einer Welt
voller Enge und stetem Wandel

Am glutroten Himmel
Möwen kreischen, fliegen entgegen
dem schwächer werdenden Feuerball
als würde entschwinden in unendlichen Tiefen
der Quell ihres Lebens

Auf zieht kühler Wind
verwehen Träume aus Sand, haltlos
in der unbarmherzigen Wahrheit
aus leblosem Stein

In mir Eiseskälte, kämpfe an
gegen den unsichtbaren Zerstörer
unermüdlich mit strenger Härte
zu retten das Unwiederbringliche
Müde, unerbittlich müde
doch Schwäche darf nicht sein
Gefühllos mit eisernem Willen
lässt mich vergessen
allen Widrigkeiten trotzen, bis…

Freiheit - löse mich
steige auf in den leuchtenden Himmel
lasse mich treiben im lauen Wind der Gezeiten
tauche ein in eine Decke aus roten Wolken
Behutsam gebettet in ihrer Wärme
lasse mich fallen, gebe den Kopf aus der Hand

Gebannt vom Zauber des Unerwarteten
schwebe dahin, sehe auf die Vögel
die Menschen und auf mich am Meer

Flucht

Unendliche Müdigkeit, kraftlos bis ins Mark
weiter aufrecht gehalten von einem Körper
Verberge mich, ziehe mich aus mir zurück
lasse liegen eine leblose Hülle

Entfliehe der Einsamkeit
hinausgleitend aus der Enge der Wirklichkeit
in unbestimmte Weiten einer endlichen Zeit
Diese Trennung von mir - gefährlich, verboten

Arbeit, Alltag rufen, rufen mich zurück
wieder funktionieren muss meine Gestalt
Aufgesetzt eine gläserne Maske
die so mancher erahnt und Abstand hält

Zeit nutzen; lesen, lernen, leisten
Stunden verrinnen, es ist nicht genug
Verbringe die Nächte in mir, schlaflos

Zurück auf dem Laufband des Lebens
bekomme keine Luft mehr, aufgeben nicht erlaubt
Mein eigenes Tempo finden, bevor ich ersticke an…

Kampf um Freiheit

Schlaflos - Gedankenvoll

Ein großes Sehnen
hinter verkrusteten Scheiben
nach Wiesen, Wäldern, Wolken
nach der Weite des Meeres
Noch immer frei
im Traum hinauszugleiten
in die sonnige Welt

Kann ihm nicht folgen
Selbst ein tragendes Teil
des unabwendbaren Zusammenbruchs
Nach dem Sturm, bleiben wird nichts
nur ein Häufchen Sand
ein paar Körner unter vielen

Loslassen, weggehen
Nur wie?
Wohin?
Die ersehnte Welt, so fremd
Fehlend ein Spürsinn
für das Herz, das weisende

Ausgedrückt - noch immer schlaflos

Anders als gedacht

- Musik erklingt -

Aufwachen, tanzen, leben
Schrittfolgen spulen sich ab
nur anders, ohne Leichtigkeit
Erwacht zum Leben schreien auf
unterdrückte Gefühle

Darf nicht sein, nicht jetzt
mit Härte weiter im Takt
Einzige Parole: Durchhalten!
Alles zieht sich zusammen
eine bleierne Schwere hält fest
kann nicht mehr fliehen
Erstarre, um zu ersticken
was nicht hierher gehört

Ich verliere, heute
gehöre selbst nicht hierher

- Musik verklingt -

Orkan

Orkan, sturmgepeitschter Regen
Schlaflos, aufgewühlte Gedanken
Haltlos, fließende Tränen
gleich einer nicht endenden Flutwelle
Ruhe täuschend, es brodelt
am Meeresgrund ein unterirdischer Vulkan
jederzeit dem Bersten nah

Orkan, sturmgepeitschter Regen
Rettungsring im Schlepptau einer Arche
Richtung Osten hinaus in die Welt
Sicherheit trügerisch
erklimme die Strickleiter zu spät
Ungeduld, nur ablenkender Ballast
jederzeit dem Kappen nah

Orkan, sturmgepeitschter Regen
Panik!
Innere Lähmung!
Jetzt
oder es ist für immer zu spät!
Überleben
oder für immer bewegungsunfähig?!

Grenzgang

Gefühlsknoten - aufgestaute Wut
ungeweinte Tränen, verborgene Einsamkeit
vergraben in dunklen unergründeten Tiefen
zusammengehalten durch steinerne Härte
verkleidet mit einer eisernen Maske

Bewegungsfluss - lyrische Melodien
schwungvoller Walzer, stolze Polonaise
mit dem Herzen gehört, mit Gefühl
nach außen gedrückt, sichtbar werden lassen
ohne zu zeigen seine eigene Wahrheit

Aufprall - jede Berührung eine Erschütterung
Anstoß an mir als Wächter, als Grenzgänger
will flüchten, doch gebe acht mir nicht zu entkommen
Sehnsucht nach Freiheit, fehlt noch der Mut
hindurchzugleiten durch mich

Einzigartiger Himmel

Aufblitzend, unerwartet am Horizont
steigen empor zwei kleine Sterne
Heller, reiner, strahlender als alles Gestirn
tief leuchtend in finsterer Nacht
Ihr reges Treiben unerreichbar

Mit ihrer ganzen Glut sprühend
vor Energie und Heiterkeit
In ihrem strahlenden Wesen
eine ruhige Vertrautheit
Erliege ihrem Reiz, sauge auf
jedes Funkeln ihrer Glanzlichter
So nah, bezauberndes Glitzern
Empfindsam vom warmen Sternenglanz
löst sich auf unnahbare Kälte

Lasse geschehen, zaghaft mich preiszugeben
Erste Schritte auf wankenden Beinen
zu folgen meiner inneren Stimme
Scheu, vor Unsicherheit zitternd
gehe hinaus über mich selbst
Geblendet, schutzlos ausgeliefert, durchbohrt
von einem stechend schmerzenden Strahlenblitz
Entladen, mein eigenes Gewitter widergespiegelt
von der liebevollen Ehrlichkeit beider Sterne

Beginne zu spüren
zu empfinden gefühlvolle Lebendigkeit
Gebrochen der Bann und verbunden
auf immer aus tiefstem Herzen

Kleine Parodie
(für Christine)

Ollá!
Das ganze Gedöns mit dem Didelidam
führend bei so manchen
zu sichtbar erfolgreichen Auswirkungen

Interesting!
Doch ist es so simpel!
Findest du das jetzt schlimm? Nein?
Warum guckst du dann so geschockt?

Aber nun krieg nicht gleich die Krise
nur weil, …blablabla…
Schließlich hat sich jeder schon mal hingebrezelt
und auf den Bart gelegt, so what?!

Hast du einen Muskel im Leib?
Dann biege den Körper - tief!
Und heb den Haxen, aber nicht
wie Bugs Bunny, okay?

Rhythmus!?
Hast du Ohren? Oder ist alles out of order,
nachdem ein Bus durch deine Beine fahren konnte?

Weiter im Takt, aber sei nicht tentativ!
Rattenschnell die Boureé,
rattenscharf die Chrissi!

Total ätzend, ich weiß
und am liebsten würdest du mir jetzt
den Hals umdrehen

Macht nichts, denn es ist doch so simpel:
Einfach süß
die Chrissi mit ihrem Habitus!

Wie von einem anderen Stern

Eingesperrt in einem Haus
dazu noch unerwünscht
Ecke an, pralle ab, falle hinunter
in unberechenbare Tiefen
Erstarren lässt mich gleichgültige Kälte
Fenster werden zugemauert
Türen geschlossen, polierte Fassaden
umschließen eine erstickende Enge

Zurückziehen, klein machen
ich verstecke mich, lasse alleine stehen:
die leere Hülle eines leblosen Seins
Staubiger Wüste folgen verheerende Fluten
Risse tun sich auf, Kraft schwindet
gleite heraus ins endliche Nichts
und zerbreche

Ein ungeahnter Weg öffnet seine Pforten
ihn zu gehen ein innerer Drang, heimlich
Sonne, Wärme, taue auf, wachse in mich hinein
Renne, springe, spüre den Fahrtwind des Lebens
gebe Raum, was solange verschlossen
Ein kleiner Komödiant, trocken nur sein Humor

Spiegel zeigen, was sie empfangen
wohlige Unfassbarkeit -
Das ich in mir bin ICH?!
Sein, ohne sein zu müssen, entspannt in mir
durchfließen mich mannigfaltige Melodien
Erfüllt, gestärkt gehe ich mit mir
wohin es mich zieht

Auflösung

Anders als andere, bleibe einsam in der Kälte
Ein widerhallendes Echo innerer Leere
zerreißt mein Herz, schutzlos aufgeliefert
dem unberechenbaren Strom der Gezeiten
Wohin gehöre ich? Wenn überhaupt?

Angst sein; verdränge, vergesse, verliere mich
bin erstarrt, gefangen in mir
Verschollen sind Gefühle
vertrocknet all die ungeweinten Tränen
in wirren Tiefen einer undurchdringlichen Hülle
Eiserne Maske, ersticke ungesehen

Sehnsucht nach Freiheit
Schritt für Schritt auf der Suche
nach einem Schlüssel, der sich mir erschließt
Halte durch, halte aus, trotze den Sinnfluten
Sterbensmüde, verirrt im Labyrinth Leben

Auflösung, ungeahnte Weiten öffnen sich
Wärme lässt gedeihen, was gewillt ist zu wachsen
zu ernten von einer ausgebreiteten Fülle
Vom Meer herauf zieht klare Luft
erst zaghaft, dann in vollen Zügen
genieße es, frei atmen zu können

Öffne verborgene Winkel, finde mich wieder
widergespiegelt vom Meer
Staunen -
wurde erkannt, ohne mich selbst zu kennen

Wellenmeer der Melodien

berauschend schön, beängstigend tief
Unstetiges Pulsieren, aufkommende Panik
Vorhersehbar der unausweichliche Untergang

Begleitung taucht auf, Wasserspiele erklingen
mitgenommen auf eine unbestimmte Reise
Zaghaft hinausgleitend, bekannt gemacht
mit der unendlichen Fülle des Ozeans
Entdecke in mir das Rauschen des Meeres

Innehalten

Stille! Nebel lichtet sich, gibt frei
den Blick auf unendliche Weiten
Genieße die warme Herbstsonne
die Welt in ihr eine andere
Spüre die treibende Kraft eines Flusses
drängend nach der Freiheit des Meeres
nach unbekannten, lang ersehnten Ufern
Muss fort vor dem Winter, warte
in gelassener Ungeduld auf die kommende Zeit

Tränen, Angst und Einsamkeit gepaart
mit der Unberechenbarkeit erdrückender Kälte
Überlebenswille: Selbst verleugnet, verdrängt
vergessen, doch nicht verloren
Bis an den Rand der Erschöpfung durchgeschlagen
fast zerbrochen am Krieg, in Kämpfen
geführt um meiner selbst willen gegen mich

Frieden, Atem schöpfen
Wohlwollende Offenheit erkennend ohne Suche
was mancher erahnte, doch niemand entdeckte
Fremd, gewollt zu sein, sein zu dürfen
Scheue zurück -
Vertrauen finden, mich gehen lassen, denn
Ich darf sein!

Gegen den Strom

Was selbstverständlich schien
niemals hinterfragt, hingenommen
was angenommen, bis ich stolperte
über natürliche Offenheit
Freie Wahl ohne Opposition
mit ungewissem Ausgang

Halte inne, vorlieblos
fühle mich nicht dorthin gezogen
und doch -
eine Sehnsucht nach diesem Weg
Die andere Richtung, gegen den Strom
anders, wie immer, warum auch nicht?!

Auf Aussicht angenommen zu werden
lasse mich treiben, schaue in den Spiegel
und sehe dich

Gedankenschwer

Oh bitte, halte mich, umarme mich, doch
bleibe fern, will dich nicht verletzten
Möchte nur geliebt werden
mich sicher fühlen, um frei sein zu können
Gedanken - zu viele am falschen Ort
zu wenige zur rechten Zeit
Gedankenlos gehandelt, nicht gehandelt

Gedankenschwer nicht gesprochen
Herauf ziehen dunkle Wolken
Gewitter droht, fürchte mich
vor einem alles zerstörenden Unwetter
Mit Grollen zieht es vorüber, Spuren bleiben
Zweifel - viel zu spät aufgewacht
zu übernehmen meinen Part im Naturschauspiel

Krieg des Gewissens, Ich gegen mich
im unendlichen Raum der Gedanken
Fühle mich schuldig zu sein, was ich bin
nicht zu sein, wie du glaubst ich könnte
Muss lernen, nicht zu verpassen meine Einsätze
Angst überwinden vor Unwetter, davor
du könntest aus Enttäuschung dich umdrehen
                                      und weggehen

An den Träumer in uns allen

Schlafender Traumtänzer
wach in hell erleuchteter Nacht
Wolken schieben sich beiseite, geben frei die Sonne
zu erstrahlen für eine Reise in verborgene Regionen
Vernebelt von einer verpflichtenden Wirklichkeit
taub geworden für deine eigene Musik
Takt gebend dir, der Rhythmus eines fremden
                                      Trommlers

Schlafender Traumtänzer
scheinbare Grenzen durchbrechend
um einzutauchen in eine lang vergessene Welt
Traumhafte Wege eröffnen sich
traumatische Ängste verschließen dich
Von unbekannter Unsicherheit ergriffen, erstarrt
nach Erlösung schreiend, die doch nur die eine ist:
Folge deinem Herzen!

Schlafender Traumtänzer
von deinen Scheuklappen befreit
blenden nun Illusionen
Von Wunschträumen umgarnt
warnen dich Albträume
Gaukelspiele, stehend zwischen dir
und deinem einzig wahren Traum
Wähle, entscheide dich!

Schlafender Traumtänzer
gibst deinem Traum Bedeutung
eingehend das Risiko über Hindernisse zu stolpern
durch Rückschläge zu taumeln
Harte Arbeit -
zu sehen ungeahnte Möglichkeiten
zu nehmen neuen Schwung
hinein ins lebendige Leben, welches Kraft gibt
zum Weiterkämpfen für dein zeitloses Ziel -
Dein gefühlvolles Ich!

Erwachter Traumtänzer
deine Schwingen ausbreitend
zu gleiten durch die Freiheit
deiner Sehnsucht entgegen
Fühlst nun deine Musik
die durch dich wird zu deinem Tanz
Schickst dein Herz voraus
für deinen ersten und letzten Auftritt:
Die Eroberung deines wahrhaftigen Selbst!

Neubeginn
(2015/16)

Gartenglück

Schon von Weitem
winkt leuchtend rot das Dach
Am Torbogen stehen Spalier die Rosen
heißen mich stets willkommen
in diesem kleinen Paradies
Mittendrin träumt eine Hütte
wie damals in Bullerbü

Sanft rascheln Blätter im Wind
Hummeln, dickflauschig
arbeiten fleißig im Blütenmeer
Drunter versteckt eine junge Amsel
ihr erster Ausflug hinaus in die Welt
Die Augen fangen an zu strahlen
dunkelrot, zuckersüß
Erdbeeren locken zum Naschen

Einfach zusammensitzen, beobachten
wie die Sonne mit ihrer Wärme alles umarmt
Zum Wohlfühlen braucht es manchmal nicht viel
Für einen Augenblick mit der Natur sein
selbst ganz Natur zu sein und trotzdem -
liebevoll als Blume gehegt zu werden
Welch ein Gartenglück!

Ein Apfelbaum

Einen Apfelbaum pflanzen
die beste Zeit
verpasst
Brach liegt die eigene Erde
keine Blütenpracht
keinen Schatten
keine Ernte
Natürlich nur wächst
ein tränendes Herz

Leere Augen wandern in fremde Gärten
Verbrannte Seele verharrt begraben
unter fruchtlosem Vorbei, was längst zu spät
Auf trostlosem Boden wurzelt einzig
eine einsame Anemone

Einen Apfelbaum pflanzen
die beste Zeit
jetzt
im tiefsten Winter
Ausgraben, aufstehen
zur Wintersommerwende
Irgendwann natürlich
Spätsommer!

Ein Gedanke

Keinen Zweck verfolgen
kein Ziel erstreben
einmal nicht
nach Anerkennung sinnen

Etwas tun
einfach nur so
zum eigenen Vergnügen
aus Freude am Seelenfutter

Ein neuer Gedanke
undenkbar - noch

Geschnatter

Mittags auf dem Parkplatz eines Supermarktes
Menschen, in ihrem Trott umherlaufend
schon halb zu Hause auf dem Weg ins Geschäft
schieben Essen kochend zum Auto den
                                Einkaufswagen
diskutieren in der Konferenz hastig gehend
mit vollem Mund - lautlos dieses endlose Geschnatter

Geschnatter aus vollem Herzen
Geschnatter im mehrstimmigen Kanon
Da! Ein Schauspiel ganz nach gänseart
Mehrere Schwärme verschmolzen zu einem
Beeindruckend diese vollendete Formation
Ohne es zu wissen
ihr kennt euren Platz im Lebenslauf

Melancholie liegt in der Luft
Herbst hält Einzug, Winter klopft an
Der Sommer, wo ist er geblieben?
Ihr verabschiedet euch, wie es sich gehört
Niemand beachtet euch, wie traurig
Stehen bleibt nur ein alter Mann
schaut hoch und fliegt ein Stück mit euch
Seid nicht böse, die Menschen meinen es nicht so
Gute Reise! Auf Wiedersehen -
bis zum nächsten Jahr

Das böse M-Wort

Frühling im Mai, schöner Sonnenschein
bitter getrübt von einem einzigen Tag
Monsun, mit Wonne ergießt er sich
schmeißt um sich mit leuchtend roten Herzen
Kein Entkommen vor dieser Epidemie
von Herzchen, Schleifchen und Blümchen
Fühle mich erdrückt, verfolgt, erschlagen
Aus allen Ritzen quillt der Schleim
fröhlich glitschen sie dahin
die großen Kinder wie die kleinen

Hässliches Unkraut, Dornen übersät
abgepackte, kackbraune Haufen
übel riechende, brackige Gewässer
jeweils hergerichtet mit einem
kunstvoll geknüpftem Strick
Schöne Dinge verseucht von dieser
„alles Liebe" zu diesem Tag
Sinn und Verstand
weggespült vom roten Dauerregen
Reingewaschen das Gewissen
abermals für ein ganzes Jahr

Unmerklich kocht hoch in mir -
      verachtet, ich
      1000fach vernichtet, mich
wütend die Frage: Wertschätzung, wofür?
Würge mühsam hoch
stecken bleibt in der Kehle
was nicht will über meine Lippen
Schließlich, kotze es aus -
das böse M-Wort
Ein Pfeil mitten durchs Herz

Wie es sich wohl anfühlt

Wie es sich wohl anfühlt
bedingungslos geliebt zu werden
aufzuwachsen in einer alles
verbindende Herzenswärme
ohne schwelenden Hass, ohne Süchte

Wie es sich wohl anfühlt
mit Freunden zu spielen
weinen zu dürfen
und Trost zu bekommen
ohne vernichtendes Schweigen

Wie es sich wohl anfühlt
ohne Angst zur Schule zu gehen
nach Hause zu kommen ohne Angst
sein zu dürfen einfach ich
wenn perfekt unperfekt gut genug ist

Wie es sich wohl anfühlt
in Frieden zu leben
ohne mageren Zahlenspiegel
zu gehen den eigenen Weg
ohne Flucht in eine Parallelwelt

Wie es sich wohl anfühlt
für eine Weile anzukommen
die Früchte der Aussaat zu ernten
und schließlich zu lieben
ganz und gar bedingungslos

Durch den Magen gekuschelt

Spinat wollte die Lütte
den mit dem Blubb, dazu Kartoffeln
und Spiegelei, das Gelbe zu schlürfen
ein Vergnügen, das von Oma
schmeckte besonders gut, bei ihr
gekuschelt durch den Magen

Später war es Hühnerfrikassee
Widerlich das Fleisch zu lösen vom Knochen
zu finden den Glücksknochen besonders
Dann, mit Spargel, Champignons und Reis
cremig sanft wurde gewärmt die kleine Seele
Gekuschelt durch den Magen
so, wie ihre seute Deern es gerade brauchte

Spinat wünscht sich heute mein Kind
natürlich den mit dem Blubb
Still ist es am Tisch, denke an früher
an Oma und an mein armes Kind

Kein Vater in Sicht

Mäuschen, es himmelt ihn an
verehrt ihn, seinen Papa
Papa über alles

Wo war der Vater
das Mäuschen zu beschützen
vor dem Wolf im Schafspelz?

Mäuschen, alleine mit seinem Papa
im Auto durch die Stadt
bei Ausflügen hinaus in die Welt
im stillen Einvernehmen
mit den gemeinsamen Helden

Wo war der Vater
das Mäuschen zu retten
aus seiner Einsamkeit
aus seiner Traurigkeit
das Mäuschen zu retten
aus seinem Gefängnis
des grausamen Schweigens?

Mäuschen
zertreten, erschlagen, vernichtet
mit Worten, mit Liebesentzug
Verhungert ohne Liebe, umarmt vom Tod
Sein altes Mäuschen zurück haben
will er, der Papa

Kein Vater in Sicht
Verschwunden der Papa
Kein Mäuschen gibt es mehr
Doch die Sehnsucht schreit:
Papa, warum?
Vater, wo bist du?

Eine große Sonne
(für Molla)

Ein Herz so groß wie die Welt
Arme, umfassend alle Menschen
Liebe schenkend, warm und ehrlich
lässt aufweichen vertrocknete Welten

Hoffnung lebend, ausstrahlend
auch die Verlorenen beginnen zu sehen
einen neuen Schimmer, für den Menschen
erkennend, was er selbst nicht sieht

Ein soziales Kraftwerk
zu unterstützen, zu fördern den Freund
ihm Mut machend für die Zukunft, denn
geben wird es einen Weg, es muss einfach

Eine große Sonne, hinausstrahlend weit über
ihren kleinen großen Kakteengarten

Nichts

Nichts denken
Nichts fühlen
Nichts spüren
Nichts mehr wollen
Nicht nichts mehr wollen
Geistert durch die Zeit
todmüde, lebensmüde
ein aschfahles Gespenst
will sich verflüchtigen, auflösen
Doch noch ein Wollen
und nicht können
Noch ein Nicht
Nichts -

Schutzschalter

Nebel zieht herauf
Ein sanfter Schleier
Ruhe im lauten Chaos

Balsam zu dämpfen
erschütternden Schmerz
Welt steht still -

Getrennt von Hülle
fühllos im Wachkoma
außen innen
kaum noch sichtbar

werde stumm
meine Worte
sterben sprachlos

Sanatorium

Meine Liebe, wie ist es heute
das verehrte Befinden?
Bitte sehr, wie gewünscht Ihr Nachmittagstee
Recht frisch geworden hier draußen
Vielleicht noch eine Decke oder zwei?
Schön einwickeln die gute Seele
So ein krankes Herz braucht doch an Wärme viel

Müde sehen Sie aus, blass um die Nase
Nicht doch ein Schläfchen auf dem Zimmer?
Nein? Ganz wie es bliebt
Dann heute Abend, Fisch oder Fleisch?
Lieber eine Suppe? Aber gerne doch!

Danach im Kaminzimmer
Mozart wird gegeben, auch Chopin
Ein wenig Gesellschaft
aber nicht zu anstrengend
Natürlich meine Liebe
die Wärmflasche, wie immer um zehn

Ach, wie fürsorglich!
So schön zu Ende geht eine Vorstellung
Nun ist kalt der Kaffee, die Hände auch
Welch trüber Sonntag -
mühsam schleicht vorwärts der Sekundenzeiger

Inventur II

Nicht leicht
Inventur zu machen im eigenen Haus
mit all seinen Rissen, Lücken, Löchern
Man weiß um seine Wunden
mal ein kleines Ziehen
mal klaffend, je nach Tagesform

Gestern war doch erst heute
Leben zieht vorbei, läuft dahin
mit Pech wie im Hamsterrad
Als Lebenslauf zusammengerafft
zeigt, was man gelernt
verborgen, was es einen lehrte
Hier - gelehrte Enttäuschung
Leere gähnt nicht, ist traurig

Die Traurigkeit will auch mal sein
einfach traurig
Bleibt doch sonst mit den Jahren
ein bitterer Beigeschmack
"...steh nicht stets vor deiner Seele Posten! ..."
meinte Erich - schwierig
habe längst Wurzeln geschlagen
nach so langer Zeit

Nun zum Offensichtlichen:
Keine Wurzeln habe ich
keinen Partner, keine Kinder
Freundeskreis fehlt
Traumberuf zerplatzt
Zukunftsaussichten unsicher
einschließlich Befürchtungen
vor tödlicher Langeweile

Das liebe Geld kein Spaß
nur rechnen immerzu
wische es auf, notfalls vom Boden
Vieles fehlt, vieles schmerzt
doch arm - entschieden
NEIN!

Wo Worte aufhören

Zwei Schubladen, einfach zu handhaben
Ohne Angriffsfläche die eine
perfekte Leblosigkeit, nichtssagend
Die andere gleich einem Mülleimer
verachtet ist sie und wird doch gefürchtet

Rund läuft es im Automatikgetriebe
wie eh und je ohne Frage
 - richtig, was war nur falsch -
Keine Antwort
nur ein Kopfschütteln für mein Kind
denn Musik findet sich nicht
in schwarzen Noten auf weißem Papier

Frischer Wind, alte Ordnung wankt
Geöffnete Tür lädt ein, ermutigt hinauszugehen
Ein Gefühl entwickeln
für einen Weg, wo Worte aufhören
und Freiheit anfängt

Für eine lange Weile

Kinder
selbstvergessen, weltvergessen
losgelöst von Raum und Zeit
spielen - vollkommen in ihrem Sein
Für eine lange Weile
aufgehen im Moment
eins werden mit dem eigenen Tun
Ich löst sich auf
ureigenste Energie fließt natürlich frei

Für eine lange Weile
einfach sein - frei
zu sein im ewig werdenden Augenblick
Ermutigt zum Spielen
- darf endlich wieder spielen -
auf einem Spielplatz
mutig es wagen, freizulassen das Kind

Für eine lange Weile
für mich alleine, nicht alleine
ein leeres Blatt im Wind
alles ist möglich
Geduldig seid ihr mit mir
lasst euch ohne Murren
setzen, schieben, streichen
bis ihr euch gut fühlt, gut anfühlt
bis mein Drang zum Spiel gestillt
Kind sein
   F ü r   e i n e   l a n g e   W e i l e

Ich hier - Du dort

Viel Zeit verbrachten wir miteinander
aus scheuem Aschenputtel wurde Prinzessin, Deine -
Mit Aufmerksamkeit reich beschenkt
mit Komplimenten überschüttet, auch überfordert
Für mich eine neue Welt

Mein Kavalier, so feinfühlig
Mein Held, so stark
Eisprinzessin ich, aufgefangen mich
aus tiefstem Fall, behutsam eingebettet
in Deinen Mantel, in Deine Worte
Fürchtete das Unausweichliche
Dieses unschuldige Wort
erst geboren, erstrahlt eine neue Sonne
darin verdammt die alte Welt zum Untergang
Verhängnisvoll -
Ja zu sagen, Nein zu fühlen

Eine schöne Zeit, Ich hier - Du dort
Wir belebten einander, schaukelten uns hoch
jeder sich auf seine Wolke sieben
Zusammenkommen, aneinander vorbeigehen
Alles Gewesene, alles Erträumte
zerbrochen an der Vergangenheit
zerbrochen am Hier und Jetzt

Lockere Verbundenheit, nun ernste Beziehung
Fühle mich eingefangen, verschlungen von Dir
von Deinem übergroßen Bedürfnis nach Nähe
Träumer Du
schon auserkoren den Platz für den Sandkasten
Deine Träume, Deine Pläne, Deine Welt
Ich möchte die meine nicht verlieren
will mich nicht aufgeben müssen
für dich, für ein Uns
Nähe bitte nur in homöopathischen Dosen

Aufgefangen aus tiefstem Fall, nun erneut gestürzt
Eine Auflösung unvermeidbar
Erleichterung, doch Du träumst noch

9/11

15. Jahrestag von 9/11
zum 35. Mal meiner
Herz und Seele, terrorisiert
zerstört, zusammengebrochen
Ein Wiederaufbau fraglich

Kein Tag zum Feiern
nichts mehr da als nacktes Überleben
Zudem, alleine feiert es sich schlecht
Alleine! Zeitlebens alltäglich, gewohnter Alltag
wird einmal im Jahr zu einem gähnenden Krater
Fühle mich überflüssig, möchte mich hinabstürzen
es fiele nicht auf, denn fehlen würde - niemand

Der Schnellzug gewinnt an Fahrt
aufzuspringen gelang mir nie, so fehlen nun
Erinnerungen an Haltestellen
Dem Leben zusehen -
in diesen Tagen schwer erträglich
Traurigkeit meldet sich
kriecht aus ihrem unterirdischen Bunker
begleitet von einer deutlichen Bitternote

Heiße Tage im Spätsommer
draußen tummeln sich Menschen
sitzen gemeinsam in Cafés, genießen sich, ihr Leben
In dieser Bruthitze gedeihen dicke Bäuche
wie Pilze schießen sie hervor, lauern überall
Nirgends bin ich sicher vor ihnen
magnetisch ziehen sie meine Augen an
und stechen mitten in mein Herz

Gewölbt auch mein Bauch, vierter Monat
doch nichts als schmerzende Leere
mich quält dieser kranke, elendig lange Wurm
Was soll's - kein Y in Sicht
mit den Jahren zu Grunde gerichtet das X
Selbst schuld, sagt ihre meine Stimme

Traurigkeit, ich sollte dir mehr Raum geben
denn bitter werden du und ich ungenießbar
Es ist wie es ist!
Glück haben ist nun mal auch Glückssache
Vielleicht kommt ja noch ein gutes Jahr, ein einziges
Noch bleibt ein bisschen Hoffnung…

Puzzlestücke

Puzzlestücke, wie durcheinander sie liegen
verweht vom Weltenwind

Ein Bild zusammenfügen
nahtlos vereint sich Gegengleiches

Manchmal Teile gepaart
Seite an Seite, passen ineinander
scheinbar, es fehlt nicht viel
und doch -

bleibt aus gemeinsame Anziehung
Schwingungen laufen ins Leere
nur Reibung drückt

Akzeptieren, zuversichtlich lösen
was zusammen haltlos bliebe
Die erneute Suche,   unbestimmt
denn Puzzeln braucht Zeit

Zuneigung

Wahrhaftig und aufrichtig
sprüht es aus einem Herzen
leuchtet in den Augen
geschenkte Sonnenstrahlen
wohlig wärmend

Ungläubiges Staunen
diese Kostbarkeit aus dem Nichts
Scheue zurück, irritiert
vielleicht auch misstrauisch
bestimmt sogar

Befremdlich, was so manchem alltäglich
Verdient womit?
Nichts war, ist bedingungslos, nichts
So bisher die geführte Statistik -

Bleibe auf Beobachtungsposten!

Wer sind wir wirklich?

Damals
in seinem Geschäft
ER
der Verkäufer
lässig, selbstbewusst
beriet passgenau
stilsicher in seiner Welt
SIE
selbstkritisch, skeptisch
nicht lächerlich soll sein
ihr Aussehen
gefühlte Unförmigkeit
möchte gefallen
in ihren Maskentanz
Kostümprobe
auf fremder Bühne

Zufällig
Jahre später
treffen sich wieder
SIE
verwundert, überrascht
beide verloren ihre Welt
Wie nackt auf einmal
im selben Boot sitzend
auf der Suche
nach einem Rettungsring

ER
leitet die Fahrt
ist scheu, unsicher
wirkt verletzlich
SIE
durchgeschüttelt vom Tag
ist abwesend
schweigt regungslos

Wiedererkannt
aus vergangenen Zeiten
Gesehen
- zum ersten Mal -
heute
Bleibt nur eine Frage:
WER SIND WIR WIRKLICH?

Das Dunkel erleuchten

Ein blaues Paradies
geworden zur bleischweren Kanonenkugel
durch des Menschen Zeitalter jagend
unaufhaltsam

Auf ihr bösartig wuchernd
ein Krebsgeschwür zerfrisst Natur
Menschen, unschuldige Kinderseelen
Gebildete Völker
eingebildet halten sie hoch ihre Kulturen
und fallen tief im Krieg

Hochverrat an der Zivilisation
heraus ragen nur die Mächtigen
ausgezeichnet durch ihre Siege
die vermeintlichen
allein das Fußvolk fällt - anonym

Kampf gegen den Krieg
längst verloren diese Schlacht
Leben für den Zusammenhalt
eine Aussicht

Beim Wesentlich anfangen
Ordnung schaffen im Inneren
das eigene Schlachtfeld auflösen
ohne Begierde handeln, ohne Selbstsucht
Zufriedenheit ausleben
mit Verständigung das Dunkel erleuchten

Im eigenen Herzen tragen
die Neigung zur Güte, zur Gerechtigkeit
Frieden als Geisteshaltung
Ein Weg - vielleicht der einzige!

Groteske Weihnacht

Jedes Jahr erneut bricht herein ganz plötzlich
Adventszeit, Ankunft des Herrn
Nein, der Hektik; leise rieseln Stresshormone
wie von Sinnen besinnlich sein

O du fröhliche, heitere Lustlosigkeit
in vorweihnachtlichen Krippenspielen
weihevoll gejagt von Knecht Ruprecht
Vorstellungen am fließenden Band
wehe dem, der auch nur eine verpasst

Schreiend bunte Glitzerwelt
In Hassliebe sich jedermann hineinstürzt
ein Muss drückt treibend durch Geschäfte
besonders soll es werden
Schöne Bescherung
von Herzen längst aus der Mode
geschenkt vom Geldbeutel - wie toll

Sich bei Laune halten
Punsch heizt ein, umspült zuckersüße Leckereien
denn morgen, Kinder, wird's nichts mehr geben
nach Neujahr nur Weihnachtsspeck

Das Radio plärrt, vergewaltigt die Ohren:
"Driving home for christmas..."
dumm für den, der kein zu Hause hat
einsam nun, wer sonst allein

Ungerührt durch die gesegnete Zeit
dreht sich weiter die blau leuchtende Kugel
mit seligem Hunger, reichbeschenkter Armut
heiligem Krieg und gnadenreicher Gewalt
Himmlische Probleme mit Glitter behangen
Grotesk erscheint zu wünschen:
Fröhliche Weihnacht euch allen!

Mühlstein und Kopfstein

Heimliche Diktatur eines Mühlsteins
hochgelobt, viel beklagt
In freier Gesellschaft mahlt sich
unaufhörlich ohne Gnade
immer mächtiger, immer schneller
durch alle Zeiten unerbittlich ohne Pause
dieses Ungetüm, es malmt -
Zermalmt, wer nicht mithalten kann
wer nicht hineinpasst, zermalmt
ausgespuckt, ausgestoßen ins Abseits
Von unten betrachtet
ein Riesenrad der Glücklichen

Im Kopf fest verankert
dreht weiter der Läufer seine Runden
zerkleinert das Herz
bis nur noch Kopfstein übrig ist
Tief eingepflanzt in ein wehrloses Wesen
erarbeitet, verdient, teuer bezahlt werden
muss Anerkennung, muss Liebe

Damals wie heute chronisch pleite
Wer bin ich mit all dem
ohne
ohne Abschluss
ohne Karriereleiter
ohne Statussymbole
ohne Ansehen in der Gesellschaft
ohne -
Auszutauschen hat so mancher schon versucht
diese Schallplatte mit Sprung

Unzähliges Wissen
angesammelt wie Briefmarken
schön zum Vorzeigen
was an sich doch sinnlos bleibt
Rar die Menschen
von denen sich LEBEN lernen lässt!
Zur eigenen Sicherheit Sicherheitsdenken
ein Gaukelspiel der Selbsttäuschung
nur Veränderungen bleiben sicher
Einen geschützten Hafen finden
tief im Herzen Anker schlagen
damit Wellen der Angst und Mutlosigkeit
einen nicht hinaustreiben
hinaus ins offene Meer

Revolution

Getrieben vorwärts stürmen
blindwütig auf in Richtung Fixstern
Ohne Notbremse erzwingen wollen
erdachte Muss-Ziele, auferlegte Pflicht
Unterjocht werden aufkeimende Grenzen
Unumgänglich zu genügen
Gehorsam zu leisten den Erfordernissen
der eigenen Fremd-Sklaverei

Innere Stimme hat nichts zu melden
bedeutungslos die Verfassung der Unterklasse
ihre Bauchschmerzen bloß lästig
Strenges Regime, Kopf geführt
diktatorisch bestimmt, was zu sein hat
kritisch ohne Gnade, was sein sollte und nicht ist

Keine gute Geschichte ohne Revolution
immer, irgendwann gewiss, ein Freiheitskampf
sei es auch nur ein kleiner, ganz still -
Welch ein Naturereignis!
Es bleibt abenteuerlich, wird gar zur Mutprobe

Loslassen, die Peitsche, nur einmal
geschehen lassen, was sich Leben nennt
zur rechten Zeit wird kommen, was kommen soll
Schwer fällt zu vertrauen
mich gehen zu lassen ohne strenge Führung
Dieses bisschen Freiheit, beängstigend

Wieder auf die Beine, voran, schnell, schnell!
Wie soll alles nur werden ohne strenge Zucht -
Nur Mut, ganz ruhig!
Lernen wirst du, zu hören deine eigene Stimme
im Vertrauen, dass sein darf, was ist

Seinlassen, Loslassen, Zulassen
So viel LASSEN bringt mit sich
Unsicherheit, auch eine Möglichkeit:
Sich gelassen einlassen
So ist es noch nicht zu spät
zu werden, was man sein könnte
Vielleicht - besser lassen!

Türen

Leben, durchleben, überleben
bis aufs Mark immer gekämpft
letztendlich verloren, krank geworden

Mit starken Einschränkungen
nicht belastbar, nicht mehr brauchbar
Ausschluss, Ausschuss der Gesellschaft

Mühlen fangen an zu mahlen, entwickeln ihren Sog
Durch den Fleischwolf gedreht, ausgespuckt
eigentlich, mit Ruhe bedacht, gerettet

Wünsche, Pläne, Träume
zerplatzen an der Realität
Kluften tun sich auf, unüberbrückbar

Kein gesehenes Individuum mehr
nur ein Fall durch die Bürokratie
Türen werden zugeschlagen
Hoffnung bleibt ein Fremdwort

Trotzdem, gerade dennoch
um meinetwillen bei mir bleiben
Hier scheint die Sonne, ich schreibe
jetzt, vielleicht für morgen

Vielleicht wird sich öffnen
eine andere Tür, eine unerwartete
Wage nicht daran zu glauben, zu hart
der Aufprall gegen zugeschlagene Türen

Ein neuer Traum

Alte Gerüste stürzen ein
zerplatzen Träume an harter Wirklichkeit
Nichts wird geschaffen für alles
Darin muss die Hoffnung wohnen
und ein neuer Traum kann leben

Gegen das Vergessen

Rasch vergessen Menschen, immer nur vorwärts
eilend im Schnellzug ohne Haltestellen, im Takt bleibt
nur wer dampft, keine Zeit für Zeitverlust - Endstation
Verflogen ist im Wind
ihre Asche
ihre angehäufte Kohle

Aussteigen mit Sack und Pack
für einen Moment innehalten, sich selbst hören
mit klarem Blick sehen das angehäufte Gepäck
Nicht alles ist mehr brauchbar gar notwendig
Sortieren, ablegen und freilassen
sich zu trennen ist schwer
Leichter im warmen Sonnenschein
auszustreuen mein Saatgut in den Wind
Im Kern ein Hauch Hoffnung
es möge Wurzeln schlagen, irgendwo

Schreiben gegen das Vergessen
um lebendig zu sein, um gesehen zu werden
Meine Worte, sprecht!
Sprecht für mich, was ich nicht sagen kann
tragt mich hinaus in eine Welt
in die ich mich nicht trau'

So banne ich meine Welt in Bilder - Suchbilder
vielleicht darin sich jemand wiederfindet, SICH
und meine Bilder, meine Welt bleiben lebendig

Danksagung

Zur Entstehung dieses Buches haben einige Menschen beigetragen. Das Team des Kaktus Münster e.V. unterstützte und ermutigte mich, meine Gedichte in einem Buch zu veröffentlichen. Ganz herzlich danke ich Julian Berger; er weiß, wofür.
Den größten Dank jedoch schulde ich Molla Demirel. Ohne ihn wäre dieses Buch niemals entstanden, wäre der »Neubeginn« niemals möglich gewesen.

Über die Autorin

Nina C. Rohreit, geboren 1981 in Hamburg, studierte nach dem Abitur zunächst Rechts- und Politikwissenschaften an der Universität Hamburg.
Um ihren Traum vom Tanzen zu verwirklichen, gab sie das Studium zugunsten einer Ausbildung zur Ballettlehrerin auf. Parallel dazu absolvierte sie erfolgreich einen Fernstudiengang an der Royal Academy of Dance London®.
Seit 2008 lebt sie in Münster. Im Bereich Kunst- und Kulturarbeit ist sie seit 2015 ehrenamtliche Mitarbeiterin bei Kaktus Münster e.V./ Radio Kaktus im Bürgerfunk. Einige Gedichte von ihr wurden dort bereits ausgestrahlt.
»Für eine lange Weile« ist ihre erste Veröffentlichung.